LE

CONGRÈS EUROPÉEN

A VIENNE

PAR

LE GÉNÉRAL E. TURR

PARIS

IMPRIMERIE VALLÉE, 15, RUE BREDA

1864

LE
CONGRÈS EUROPÉEN

A VIENNE

PAR

LE GÉNÉRAL E. TURR

PARIS

IMPRIMERIE VALLÉE, 15, RUE BREDA

1864

LE

CONGRÈS EUROPÉEN

A

VIENNE

PAR

LE GÉNÉRAL E. TÜRR

———

PARIS

IMPRIMERIE VALLÉE, 15, RUE BREDA

1864

Nous traduisons de l'anglais les écrits suivants adressés par le général Türr à l'un de ses amis d'Angleterre.

Cher Monsieur,

C'est avec la plus vive satisfaction que je viens de lire, dans votre lettre et dans les feuilles publiques, les manifestations chaleureuses avec lesquelles le général Garibaldi est reçu par le peuple britannique et par ses hommes d'État. Ce sentiment n'est pas seulement l'effet de la sympathie que je porte au général, mais c'est qu'il éveille de nouveau en moi l'espoir, tant de fois déçu, d'un revirement politique en Angleterre.

Les événements presque miraculeux de l'an 1860, la réalisation de la grande idée de l'unité italienne, sont dus en majeure partie au héros que le peuple anglais vient de fêter; c'est Garibaldi qui, par l'ascendant de son patriotisme désintéressé, a su grouper autour de sa personne plusieurs nuances libérales de son pays, en les réunissant dans un seul faisceau et marchant d'accord avec le roi. Le résultat de cet accord sous le même drapeau porta bientôt ses fruits, et l'Italie montra qu'elle fit plus en deux années de concorde que pendant la longue discorde des siècles passés.

Espérons que la présence du général au milieu de vous, l'influence fascinatrice qu'il exerce, non-seulement sur le brave peuple britannique qui a été de tout temps libéral et patriotique, mais aussi sur ses hommes d'État, — éminemment froids et calculateurs ; — espérons, dis-je, que les torys et les whigs s'apercevront que la route, suivie par eux dans la politique extérieure, n'est pas la bonne, et que surtout elle n'est pas celle qui convient à la dignité d'une grande nation.

Je ne veux pas entrer ici dans trop de détails. On sait très-bien qu'en 1815 l'Angleterre dominait de tout son ascendant la situation politique, et pourtant les traités, faits presque sous sa dictée, dont le but était de donner une nouvelle base au droit public européen et de consolider la paix, ne faisaient que couvrir momentanément d'une couche factice l'abîme sur lequel marchait l'Europe. Les idées de 1789 étaient déjà enracinées dans la vie politique et sociale des peuples ; les révolutions successives menaçaient incessamment l'édifice politique, car les traités portaient en eux-mêmes le germe de leur dissolution, et l'esprit du siècle ne tarda pas à leur donner le coup de grâce. Vinrent les événements de 1848 : les peuples désillusionnés brisaient leurs chaînes, les idées libérales se faisaient jour, presque tous les trônes étaient ebranlés ; — l'Angleterre seule, par sa position et par ses institutions à l'abri de ces secousses, était appelée par les nations à soutenir, à aider la cause des peuples. Que fait-elle ? Elle se détourne de la voie tracée ; au lieu de se mettre à la tête des nationalités en élevant l'étendard de cette grande idée, en acceptant le rôle d'arbitre entre les peuples et les souverains, elle semble poussée par une fatalité mauvaise et cherche par des moyens factices à déjouer les difficultés. Au lieu d'aborder une politique franche, elle se jette dans une voie de contradictions ; tantôt libérale, elle reçoit l'envoyé de la Sicile révolutionnaire ; tantôt rétrograde, elle refuse de recevoir ceux de la noble Vénétie et ceux de la Hongrie, en objectant que la Vénétie est nécessaire à l'Autriche, et que la Hongrie est partie intégrante de la monarchie autrichienne. (Ce que n'osait jamais dire l'Autriche elle-même, et l'Angleterre aurait dû le dire encore moins, elle qui, en plusieurs occasions, servit de médiatrice entre le royaume de Hongrie et la cour de Vienne.) Cependant, le grand drame en Hongrie se développe ; l'Autriche, vaincue, cherche un appui : elle le trouve dans le czar Nicolas. La république française, en proie à des crises intérieures, n'osait pas opposer son *veto*, et les hommes d'État d'Angleterre, persistant dans leur fatale erreur, que l'Autriche est absolument nécessaire au soi-disant équilibre européen actuel, laissent accomplir cet acte d'injustice. Pendant que le brave peuple anglais s'efforçait dans ses *meetings* de protester contre cette violation du droit des gens, ils ne voient même pas la nécessité de s'interposer ; au contraire, ils entraînent dans leur système la Turquie, dont la dignité se révolte à la violation de ses frontières par les armées russes, qui, assurées du tacite accord du gouvernement anglais, jettent leurs colonnes de la Moldo Valachie et de la Galicie sur la Hongrie, pour étouffer dans le sang le peuple qui défendait ses droits. — Erreur funeste d'une fausse politique ! le gouvernement anglais est le premier à féliciter les cours d'Autriche et de Russie d'une victoire qui devait faire le deuil de l humanité et laisser subsister en Europe un germe de complications dangereuses.

Et qu'est-ce que gagna donc l'Angleterre par tant de condescendance ?

La défaite de la Hongrie livra l'Autriche, quoique sauvée momentanément, aux mains du czar, auquel il ne resta qu'à faire le dernier pas pour dicter ses ordres à l'Europe. Aussi ne manqua-t-il pas de se jeter dès 1853 sur les Principautés danubiennes ; et si alors, par malheur, la destinée de la France se fût trouvée dans les mains du faible gouvernement de Louis-Philippe, ce n'eût certainement pas été l'Angleterre qui aurait sauvé l'Europe de l'accomplissement de la prophétie de Napoléon Ier : *l Europe cosaque.*

En 1859, ce fut seulement lorsqu'elle vit que l'Autriche ne pouvait vaincre l'armée franco-italienne, que l'Angleterre donna son appui moral à l'Italie. Se tenant toujours en réserve, les hommes d'État anglais étaient sans cesse dévancés si non surpris par les événements.

Et que vous dirai-je des derniers événements de Pologne et de Danemarck ? L'attitude du gouvernement anglais n'est-elle pas indécise ? De belles paroles, de vagues promesses aujourd'hui, des démentis et des refus demain, — voilà tout.

Je ne veux condamner personne. Je condamne seulement le *système* de votre gouvernement. J'apprécie les difficultés à leur juste valeur ; mais j'ajoute qu'il y en a beaucoup qui tiennent au système même; une faute engendre l'autre. Cependant, l'abandon des îles Ioniennes est déjà un pas vers la politique du siècle, et j'espère que voyant l'Autriche jeter son masque constitutionnel et suivre l'ancien système de Haynau, tantôt en Galicie, tantôt en Vénétie, tantôt en Hongrie, l'Angleterre, malgré son amour de conserver la paix *quand même*, ne tardera pas à reconnaître combien le cabinet de Vienne abuse de son appui et qu'elle préférera le prêter dorénavant à la cause des nationalités. C'est à cet égard surtout que l'accueil chaleureux fait au général Garibaldi par vos hommes d'État sans distinction de partis, me paraît de bon augure. Puisse-t-il grouper autour de lui les libéraux d'Europe ! Puisse-t-il faire cesser les dissensions des partis et réunir toutes les forces tendant au même but, celui de l'affranchissement des nationalités. Une fois cette grande œuvre accomplie, la liberté et la paix en doivent être le couronnement.

Après la prise de Palerme en 1860, le général Garibaldi se prononçait en ces termes contre les républicains : « Quand sur cent per- » sonnes il y en a quatre-vingts qui désirent le gouvernement du roi » Victor-Emmanuel, alors c'est Victor-Emmanuel qui est ma répu- » blique. »

Les hommes, qui disent appartenir au parti du *tout* ou *rien*, retardent actuellement le progrès au lieu de l'accélérer.

Dans l'écrit ci-joint j'indique ce qu'il faudrait d'abord faire pour pouvoir, avec chance de réussite, réunir un Congrès européen.

Ce sont là des idées puisées aux faits et dans ma conviction intime que je voulais communiquer à mes amis. Je vous les envoie avec un salut cordial.

Pallanza, le 19 avril 1864.

E. TURR.

LE

CONGRÈS EUROPÉEN

A

VIENNE

―――――

C'est une chose curieuse que de voir, comment quelques grands esprits de tendances, de sphères et d'époques différentes, se rencontrent dans une même idée, à la réalisation de laquelle ils s'attachent avec d'autant plus de persévérance que les difficultés qu'elle rencontre sont plus opiniâtres. Cela prouve la validité, la justesse de l'idée, qui depuis plusieurs siècles, quoique sous des formes diverses, cherche à entrer dans le domaine des faits.

L'idée à laquelle je fais allusion est celle d'un pacte international, d'une convention européenne, d'un acte tendant à établir l'indépendance et l'égalité des nations, pour assurer une paix durable et la prospérité de l'Europe.

Déjà, Henri IV, au dix-septième siècle, conçut le premier l'idée d'un pacte international basé sur l'égalité des nations, et, après avoir pacifié la France, il se mit à l'œuvre en organisant des contingents des diverses nations de l'Europe; mais une main meurtrière l'arrêta, et l'idée sembla s'éteindre avec lui.

Mais voilà qu'elle apparaît de nouveau avec Napoléon I*, qui, pénétré des avantages que la réalisation d'une idée pareille offre à l'humanité entière, reprend l'œuvre de Henri IV. Mais, pour y arriver, il fallait forcer l'Angleterre et la Russie à seconder son projet. Malheureusement l'idée subit de nouveau un échec par les revers, qui firent tomber Napoléon lui-même.

Un demi-siècle après, la même idée nous apparaît. D'abord elle trouve son interprète en Garibaldi, qui après ses victoires en Sicile et à Naples, adressant un mémorandum de son quartier général de Caserte, le 17 octobre 1860, aux puissances de l'Europe, parle dans ces termes :

« A qui l'initiative de cette grande œuvre? Au pays qui marche à l'avant-garde de la révolution ! L'idée d'une confédération européenne, mise en avant par le chef de l'Empire français et qui propagerait l'assurance et le bonheur dans le monde, ne vaut-elle pas mieux que toutes les combinaisons politiques, qui rendent fébriles et qui tourmentent continuellement ces pauvres peuples ? La seule pensée de l'atroce destruction qu'une bataille entre les deux grandes flottes des puissances occidentales porterait avec elle, devrait épouvanter celui qui s'aviserait d'en prendre l'initiative, et probablement n'y aurat-il pas un homme assez lâchement hardi pour se charger de l'affreuse responsabilité. La rivalité qui existait entre la France et l'Angleterre du quatorzième siècle, existe toujours ; mais aujourd'hui, et nous le constatons à la gloire du progrès humain, elle est infiniment moins intense, de sorte qu'une transaction entre les deux plus grandes nations de l'Europe, — transaction qui aurait pour but le bien-être de l'humanité — ne doit plus être rangée parmi les rêves et les utopies des hommes de cœur. Donc, la base d'une confédération européenne est naturellement tracée par la France et l'Angleterre. Que la France et l'Angleterre se tendent franchement et loyalement la main, et l'Italie, l'Espagne, le Portugal, la Hongrie, la Belgique, la Suisse, la Grèce et la Roumanie, en un mot toutes les nationalités opprimées viendront aussi, pour ainsi dire, instinctivement se grouper autour d'elles. . . . .

. . . .

» Je désire ardemment que mes paroles parviennent à ceux auxquels Dieu a confié la sainte mission de faire le bien, et ils le feront certainement, en préférant à la grandeur fausse et éphémère la vraie grandeur, celle qui a sa base dans l'amour et dans la reconnaissance des peuples. »

Trois années plus tard, Napoléon III, dans son discours prononcé à l'ouverture du Corps législatif, 5 novembre 1863, après avoir exposé la situation de l'Europe et la déchéance des traités de 1815, qui, à force d'infractions, minés par l'esprit du siècle, sont réduits à la nullité ; constatant le péril qu'un tel état de choses peut créer aux souverains et aux peuples, propose la réunion d'un congrès de toutes les puissances européennes, comme expression suprême de l'esprit du siècle, pour reconstruire les bases de la société par la consolidation des intérêts généraux des nations, encourageant les souverains à l'accomplissement d'une œuvre si salutaire, au prix même de quelques sacrifices..... Son discours concluait en ces termes :

« Deux voies sont ouvertes : l'une conduit au progrès par la conciliation et par la paix ; l'autre nous mène fatalement à la guerre par l'obstination de vouloir maintenir un passé qui s'écroule ! »

C'est donc toujours la même idée qui apparaît sur la scène politique, et autant de fois nous la voyons disparaître, stigmatisée et rejetée comme une utopie.

Est-ce que l'unité italienne n'était pas, elle aussi, une utopie, il y a quelques années ? Les champions de cette idée, ne les appelait-on pas aussi des rêveurs ? Et cependant le rêve s'est accompli, et l'idée s'est réalisée. Il fallait seulement ôter l'obstacle, ce qui se fit, grâce à la persistance du roi Victor-Emmanuel et des patriotes italiens, et à l'aide généreux de la France. Les deux batailles gagnées sur les Autrichiens à Magenta et à Solferino suffirent pour neutraliser la force de l'Autriche. L'obstacle principal, l'Autriche, une fois réduit, les autres tombèrent facilement, et l'unité italienne, en grande partie, ne tarda pas à se réaliser. L'Italie fera le reste.

L'idée d'un congrès, proposé par l'empereur Napoléon, fut accueillie favorablement par presque toutes les puissances, à l'exception de la Russie, de la Prusse et de l'Autriche.

L'Angleterre, avec sa réponse, fit retarder sinon avorter le projet. Je suis convaincu que la réunion d'un congrès européen et l'idée qui lui sert de base, celle d'un pacte international, est le fait le plus réalisable qui sortira des circonstances, si elle ne sort pas des combinaisons politiques.

Qu'a donc l'Angleterre à craindre de la France et de sa prépondérance dans une réunion de tant de souverains aux votes égaux et indépendants ? Et à quelle récompense pourrait aspirer la France, si ce n'est à la gloire de l'initiative d'une idée grande et heureuse, celle d'un pacte international basé sur le principe de l'égalité et de l'indépendance des nations?

Analysons un peu : quel obstacle sérieux y aurait-il à la réunion d'un congrès européen? Si nous envisageons l'état des choses en Europe tel qu'il est actuellement, nous voyons qu'il n'y a que trois gouvernements en Europe qui pourraient plus ou moins prendre ombrage à l'idée d'un congrès ; ce sont la Russie, la Turquie et l'Autriche. Le principe des nationalités une fois triomphant, semble les menacer dans leur existence, car elles sont composées d'éléments hétérogènes. Mais si l'on examine de près les choses, on trouvera bientôt qu'il n'en est pas ainsi, et qu'au lieu de craindre la réalisation de cette idée, il est de l'intérêt de la Russie et de la Turquie, excepté toutefois de celui de l'Autriche, de la faire triompher.

L'obstacle de la part de la Turquie n'est pas sérieux et insurmontable. La Sublime-Porte sait très-bien que tout péril ne vient pas de là. Elle devrait savoir qu'elle pourrait aisément exister avec les diverses nationalités qui composent ses États d'Europe, les ayant autour d'elle comme fidèles alliées ; comme elle sait très-bien qu'elle ne pourrait pas dans la situation actuelle, ayant des sujets turbulents à l'intérieur, résister aux desseins absorbants de certaines puissances qui ne guettent que le moment de l'attaquer. La Turquie a vu successivement et dans son propre sein triompher l'idée des nationalités ; la Grèce, la Serbie, les Principautés-Unies et le Montenegro sont là pour le prouver ; et le sultan actuel cherche les moyens de mettre en accord les institutions de son pays avec les exigences du siècle. C'est une erreur de croire que les Slaves et les Grecs de la Turquie penchent vers la Russie ; ils tournent les yeux vers Pétersbourg quand la Sublime-Porte et les puissances ne songent pas à alléger, à améliorer leur sort. L'indépendance des nationalités lui fera de ses peuples un boulevard contre l'invasion de l'étranger (1).

Quant à la Russie, il est vrai que les événements douloureux de la Pologne aggravent les difficultés ; les relations internationales s'en ressentent. Mais son refus, qui, du reste, n'était pas péremptoire, de participer au congrès ne doit pas la faire considérer

______

(1) Pendant qu'elle dissipe ses meilleures forces en stériles efforts en Europe, elle perd pas à pas en Asie le terrain et l'influence ; la perte presque entière du Caucase, son plus fort boulevard, la laisse ouverte, de ce côté, aux tentatives de la Russie.

comme ennemie du progrès; elle a aussi a marquer sa place dans la grande voie de la civilisation en effectuant l'affranchissement de vingt et un millions de paysans esclaves. Elle a vu que pour affronter les orages qui venaient de dehors, il faut être fort chez soi. Ce qu'elle fit dans la politique intérieure, elle devrait le faire aussi dans la politique extérieure. L'un est la conséquence nécessaire de l'autre. L'esprit du siècle perce peu à peu l'obscurité, et les idées libérales, quoique lentement, gagnent du terrain, et il existe en Russie un parti nombreux qui désire le rétablissement d'une Pologne libre.

Il est bien vrai que les derniers événements de Pologne ont détourné le gouvernement russe de sa voie modérée et conciliatrice; néanmoins espérons que les principes de l'égalité et de l'indépendance des nations ne trouveront pas en lui un ennemi implacable, d'autant moins que la nation russe est en elle-même une masse compacte et pleine de vitalité; le principe des nationalités n'affectera donc nullement son intégrité. La politique actuelle de la Russie est une erreur de gouvernement, et non pas une nécessité; le triomphe du principe des nationalités ne menace point son existence.

Les Polonais, divisés comme ils le sont et opprimés par trois puissances, commettaient une grave erreur en attaquant la Russie, le plus fort de leurs oppresseurs, pendant qu'en même temps ils espéraient avec obstination l'appui de leur ennemi le plus perfide, l'Autriche, et rêvaient ensuite l'intervention de la diplomatie anglo-française. La diplomatie ne pouvait cependant pas avec ses Notes empêcher que les Polonais ne tombassent par milliers victimes des armes russes et surtout de la trahison de l'Autriche.

Mais ces pauvres martyrs n'étaient pas les seuls qui se trompaient. La diplomatie, lord Palmerston, M. Drouin de Lhuys eux-mêmes se laissaient endormir par la perspective d'une guerre que l'Autriche allait entreprendre, comme champion du libéralisme, contre la Russie et en faveur de la Pologne. Les événements de la guerre de Crimée auraient dû enseigner le contraire, car l'Autriche, malgré les belles promesses que lui firent les alliés, ne voulut pas se décider à entrer en lice contre les Russes attaqués déjà par quatre puissances.

C'était alors que les journaux de Vienne eux-mêmes auraient dû confesser la faiblesse de l'Autriche, alléguant qu'une guerre entre elle et la Russie serait tout à fait impossible; d'abord parce qu'elle n'est point affermie en Lombardie et en Vénétie, ensuite parce que les

Hongrois sont mécontents, et qu'en outre, elle a dans son propre sein dix-huit millions de Slaves qui peuvent se tourner d'un jour à l'autre contre elle.

Quel est l'obstacle qui s'oppose à la réunion d'un congrès ? Le seul obstacle est l'Autriche. Il faut donc ôter cet obstacle; il faut détruire la maison de Habsbourg qui, par son existence même, empêche l'affranchissement des nationalités. Les menaces d'une nouvelle Sainte-Alliance ne sont pas à craindre si l'Angleterre marche d'accord avec la France, et s'appu'e sur l'Italie, la Turquie, avec la Serbie et les Principautés-Unies, le Portugal, la Suède, le Danemarck, la Grèce, l'Allemagne libérale et toutes les nationalités opprimées par l'Autriche. Il est certain, au contraire, que la Russie et la Prusse, voyant cette alliance formidable des peuples et de leurs souverains, ne s'aviseront pas de s'y opposer, et laisseront le destin accomplir son œuvre. Les nationalités écrasées par l'Autriche, ayant pour allié naturel l'Italie, sauront bientôt la réduire à néant, et la maison de Habsbourg disparaîtra alors pour jamais de la scène politique.

L'Autriche, cet empire mosaïque, contient dans son sein sept questions incendiaires, autant de causes de troubles pour l'Europe. Il y a la question de la Vénétie, celle de Trente, — puisque cette province, malgré les protestations énergiques du prince de Vrède, et contrairement aux vœux du congrès de 1815, fut par la seule prépondérance du ministre Metternich, incorporée en 1818 dans la Confédération germanique. Il y a ensuite la question hongroise, celle de la Croatie, de la Galicie, de la Bohème, et, pour couronnement, la question germanique.

Depuis tant de siècles, l'Europe a pu se convaincre que l'Autriche était tout à fait incapable d'offrir au monde des garanties solides d'une paix durable. Elle n'est jamais parvenue, ni par son absolutisme, ni par son simulacre de constitutionalisme, à contenter les diverses nationalités dont se compose son hybride empire. Se pliant aux exigences du moment, en cas de péril, elle se redresse toujours dans son absolutisme; jamais humaine, oppressive toujours, elle est la cause d'un trouble perpétuel en Europe.

L'œuvre de destruction de la maison de Habsbourg, qui serait en même temps celle de la délivrance de l'Europe, comme nous venons de le démontrer, ne serait pas difficile. Il faudrait seulement faire valoir le principe de non-intervention. C'est à la France et à l'Angleterre de veiller à cela. Mais l'Angleterre qui n'aime pas les *utopies*, nous demandera : Qu'allons-nous mettre à la place de l'Autriche ?

Avec la disparition de l'Autriche, l'unité italienne s'accomplira. — Puis, il y a des chances plus que probables pour la reconstitution d'une Pologne indépendante. — La Galicie étant libre, il est à espérer que l'Allemagne n'opposera aucun obstacle à la fusion de la Posnanie avec le nouveau royaume de Pologne, — d'autant moins qu'elle trouvera une large compensation dans les provinces allemandes de l'Autriche, car elle aura un antagoniste de moins pour la reconstitution de la Germanie. Il est à présumer que la Russie aussi, ne voulant pas affronter une guerre contre toute l'Europe, concourra de sa part au rétablissement d'une Pologne libre, qui est bien plus dans son intérêt qu'une union forcée et toujours menacée.

Quant à la Hongrie, à la Transylvanie, elles formeraient, avec la Croatie, la Slavonie et la Dalmatie une confédération d'États libres et autonomes, — une espèce de Suisse sur le Danube, avec une superficie de 6,174 milles géographiques, c'est-à-dire plus grande de 500 mètres géographiques que la Grande-Bretagne, avec 16 millions d'habitants qui, une fois organisés, pourront fournir un contingent de 600,000 hommes, en cas de besoin; et le pacte international trouvera en elle un appui fort, un État capable de remplir, avec succès, la mission si mal remplie jusqu'ici par l'Autriche, — un membre digne d'occuper sa place dans le grand concert des nations.

On nous objectera peut-être que nous ne sommes pas d'accord entre nous. Les Hongrois — nous en appelons à l'histoire, — pendant plus de huit siècles, ont vécu en parfaite harmonie avec la Croatie, la Transylvanie et avec les autres nationalités. S'il y eut antagonisme, ce fut en 1848, quand les Hongrois, après avoir aboli d'un seul coup les derniers vestiges de la féodalité, en rendant les paysans libres et possesseurs du terrain qu'ils cultivaient, en proclamant l'égalité de toutes les nationalités, commirent la faute de décréter la langue magyare comme langue officielle, une faute plutôt par la manière dont le décret fut exécuté que par son essence même. Mais cela suffit à l'Autriche, qui, fidèle à son ancienne devise, **Divide et impera**, appelant à son aide, d'une part, la malveillance et la jalousie de quelques ambitieux que les masses ne suivirent pas, de l'autre, l'ignorance et la crédulité, en a su habilement profiter, à force de promesses qu'elle n'a jamais remplies.

Les Hongrois, opprimés comme ils le sont aujourd'hui, malgré le masque constitutionnel de l'Autriche, ne peuvent pas se prononcer publiquement. — Cependant ils ne cessent de travailler avec succès, pour faire disparaître les obstacles accumulés par l'Autriche entre eux et les autres nationalités. Les exilés, depuis 1850, de leur côté, cherchent le moyen d'arriver à une entente parfaite. Et, à cet effet, j'ai déjà proposé, en 1862, le programme d'une alliance offensive et défensive des nationalités, qui fut accepté par MM. Kossuth (1) et Kapka, qui plus tard, développant l'idée, formèrent le projet d'une Confédération danubienne (2). Voici les points les plus essentiels du projet que je fis alors :

1° La Constitution hongroise doit avoir pour base l'égalité absolue de toutes les nationalités, sans distinction de race, de langue et de confession.

2° Quant à la Croatie, elle sera libre de rester ou de se détacher si elle le veut, et dans ce dernier cas, la Hongrie, la Croatie et la Dalmatie,—qui, séparées, seraient trop faibles,—seront unies l'une à l'autre par une alliance offensive et défensive. Des traités spéciaux de commerce, l'unité de la monnaie, etc., etc., assureront leur bien-être commun et leur développement matériel. Ayant chacune d'elles son propre gouvernement, son administration, ses lois propres, elles formeront, par le lien d'alliance, un seul corps politique compacte, dans l'équilibre européen.

3° Quant à la Transylvanie, qui, excepté quelques intervalles, a toujours été réunie à la Hongrie, on cherchera à régler, par le suffrage universel, les relations des deux pays, et à établir le lien de manière que tous ses habitants puissent être satisfaits.

Il est possible qu'il existe quelques ultra-magyares qui ne voudront pas de ces idées ; — des indi vidus qui occupent de hauts emplois et qui ne travaillent pas pour le bonheur de leurs concitoyens, mais qui servent simplement leur maître. — Je répète ce que je disais dans ma lettre du 27 mai 1863 aux Roumains de la Transylvanie :

« Jetons le voile de l'oubli sur les anciennes querelles, et parlons
» le langage du cœur et de la raison pour que l'avenir ne nous
» échappe point. . . . .

(1) Déjà, en 1850, à Kutahia, M. Kossuth élabora un projet de reconstitution de la Hongrie sur les bases du principe des nationalités.

(2) Ce projet avait parmi ses plus chauds partisans feu le comte Ladislas Teleky, et actuellement encore le général Klapka.

» . . . . L'indépendance de la Hongrie,
» de la Transylvanie et de la Croatie, et dans chacun de ces trois
» pays une égalité parfaite des nationalités, conduira à une alliance
» étroite, et seulement de cette manière ils pourront arriver à un
» avenir sûr et heureux; mais s'ils cherchent la suprématie l'un sur
» l'autre, ils auront toujours les étrangers pour maîtres.

» Souvenons-nous que nos discordes sont la force de l'Autriche.
» Unissons-nous donc fraternellement, et nous verrons tomber la
» maison d'Autriche dans l'impuissance. »

Et cela s'adresse aussi aux souverains qui désirent le bonheur et la prospérité de leurs peuples.

Mais si, au lieu de cela, les souverains persistent dans leur politique mesquine et égoïste, et si les libéraux continuent de se dévorer entre eux, au lieu de s'unir, alors les nations en souffrance, fatiguées de l'égoïsme qui les laisse en proie à la force brutale de leurs oppresseurs, deviendront de nouveau un jouet dans les mains des despotes, qui, profitant des divisions et des haines mutuelles, de l'ignorance des peuples, s'élèveront contre les idées nouvelles, et la liberté, et tout ce que nous avons gagné jusqu'ici, au prix de tant de sang, sera bientôt détruit; détruit pour longtemps, du moins, car la Liberté ne peut pas mourir.

Voulez-vous le désarmement général? Voulez-vous la paix? Démolissez la maison de Habsbourg.

E. TÜRR.

Paris.— Imprimerie VALLÉE, 15, rue Breda.

PARIS. — IMPRIMERIE VALLÉE, 15, RUE BREDA.

PARIS. — IMPRIMERIE VALLÉE, 15, RUE BREDA.

www.ingramcontent.com/pod-product-compliance
Lightning Source LLC
LaVergne TN
LVHW050354030726
842520LV00005B/2091

LA PALESTINE

ET

LE PLAN DIVIN

PAR

M. L'ABBÉ LAURENT DE SAINT-AIGNAN

CHANOINE DE LA CATHÉDRALE D'ORLÉANS

MEMBRE DE L'ACADÉMIE DE SAINTE-CROIX

DEUXIÈME PARTIE

ORLÉANS

IMPRIMERIE PAUL GIRARDOT

VIS-A-VIS DU MUSÉE

AF233093